BILDER UND GEDANKEN

BILDER UND GEDANKEN

HOFFNUNG

FOTOGRAFIEN VON

HEINZ HIRZ UND ROSI DEMMEL

arsEdition

Die Hoffnung ist ein viel größeres Stimulans des Lebens als irgendein Glück.

FRIEDRICH NIETZSCHE

Nichts ist so verzweifelt,

dass man nicht noch hoffen könnte.

NICCOLÒ MACHIAVELLI

Alles nimmt ein gutes Ende für den,
der warten kann.

LEW N. TOLSTOI

Die Hoffnung, so trügerisch sie ist,

dient wenigstens dazu, uns auf angenehmem Weg

an das Ende des Lebens zu führen.

FRANÇOIS DE LA ROCHEFOUCAULD

Es liegt eine wunderbare Heilkraft in der Natur. Oft gibt der Anblick eines schönen Abendhimmels, der Duft einer Blume der gedrückten Seele Hoffnung und Lebensmut zurück.

SOPHIE VERENA

Ich glaube, dass, wenn der Tod unsere Augen schließt, wir in einem Lichte stehen, von welchem unser Sonnenlicht nur der Schatten ist.

ARTHUR SCHOPENHAUER

Man darf das Schiff nicht an einen einzigen Anker und das Leben nicht an eine einzige Hoffnung binden.

EPIKTET

PI-18
PI-48

Die Hoffnung ist eine Anleihe auf das Glück.

JOSEPH JOUBERT

Man muss das Beste hoffen,

das Schlimme kommt von selbst.

DEUTSCHES SPRICHWORT

Wenn ich einen grünen Zweig im Herzen trage,

wird sich der Singvogel darauf niederlassen.

CHINESISCHES SPRICHWORT

Ein ganz klein wenig Süßes

kann viel Bitteres verschwinden machen.

FRANCESCO PETRARCA

Wer eine vergebliche Hoffnung verliert,

gewinnt viel.

ITALIENISCHES SPRICHWORT

Man sieht die Blumen welken und die Blätter fallen, aber man sieht auch Früchte reifen und neue Knospen keimen.

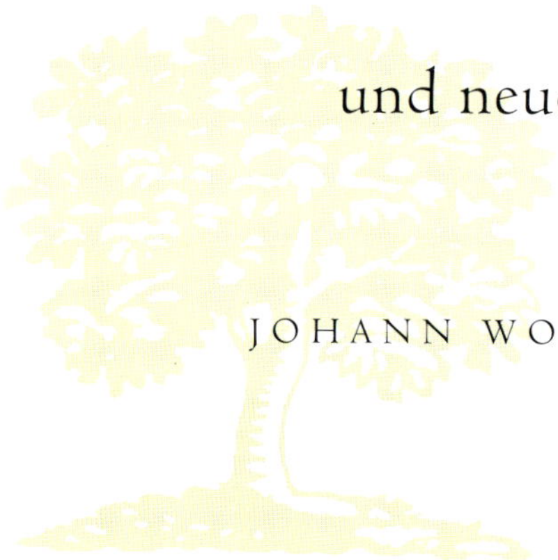

JOHANN WOLFGANG VON GOETHE

Was wäre das Leben ohne Hoffnung!
Ein Funke, der aus der Kohle springt
und verlischt.

FRIEDRICH HÖLDERLIN

Nur durch den Winter wird der Lenz errungen.

GOTTFRIED KELLER

Jedes Jahrzehnt des Menschen hat sein eigenes Glück, seine eigenen Hoffnungen und Aussichten.

JOHANN WOLFGANG VON GOETHE

Auch das fernste Ziel ist dem erreichbar,

der mit Klugheit hofft.

FÉLIX LOPE DE VEGA

Gegen Schmerzen der Seele gibt es nur zwei Arzneimittel: Hoffnung und Geduld.

PYTHAGORAS

Es gibt keine Lage, die man nicht wandeln

könnte durch Leisten oder Dulden.

JOHANN WOLFGANG VON GOETHE

Oft nach einem Tag,

oft schon nach einer Stunde

belächelst du den Schmerz

und fühlst nicht mehr die Wunde.

FRIEDRICH RÜCKERT

Die Herrlichkeit der Welt ist immer adäquat der Herrlichkeit des Geistes, der sie betrachtet.

HEINRICH HEINE

Der Himmel hat den Menschen als
Gegengewicht gegen die vielen Mühseligkeiten
des Lebens drei Dinge gegeben:
die Hoffnung, den Schlaf und das Lachen.

IMMANUEL KANT

(2., neu überarbeitete Ausgabe)
Gedruckt auf umweltfreundlichem Papier ohne Chlorbleiche

Nach den Regeln der neuen Rechtschreibung
Fotografien: Heinz Hirz und Rosi Demmel
Titelfotografie: Silvestris Fotoservice, Kastl, Ferdinand Hollweck
Gesamtgestaltung: Christina Krutz, St. Oswald-Riedlhütte
Bildredaktion: Bettina Gratzki
Printed in Singapore – ISBN 3-7607-5129-6